AF363546

OBJETS D'ART

ET

D'AMEUBLEMENT

DE STYLE

TABLEAUX, LIVRES

CATALOGUE

DES

OBJETS D'ART

ET

D'AMEUBLEMENT

DE STYLE

Céramique, Objets variés

Tableaux, Dessins, Aquarelles

NOMBREUX LIVRES RELIÉS ET BROCHÉS

Billard, Piano à Queue d'Érard

SCULPTURES, BRONZES

Sièges et Meubles en bois doré et autres

RIDEAUX, TAPIS

DONT LA VENTE AURA LIEU

HOTEL DROUOT, SALLE N° 1

Le Jeudi 27 Avril 1899

A DEUX HEURES

<table>
<tr><td>COMMISSAIRE-PRISEUR</td><td>EXPERTS</td></tr>
<tr><td>Me PAUL CHEVALLIER</td><td>MM. MANNHEIM</td></tr>
<tr><td>10, rue Grange-Batelière, 10</td><td>7, rue Saint-Georges, 7</td></tr>
</table>

EXPOSITION PUBLIQUE

Le Mercredi 26 Avril 1899, de 1 h. 1/2 à 5 h. 1/2

CONDITIONS DE LA·VENTE

Elle sera faite au comptant.

Les acquéreurs paieront *cinq pour cent* en sus des adjudi-
cations.

L'exposition mettant le public à même de se rendre compte
de l'état et de la nature des objets, il ne sera admis aucune
réclamation une fois l'adjudication prononcée.

Paris. — Imp. de l'Art, E. Moreau et Cⁱᵉ, 41, rue de la Victoire.

DÉSIGNATION DES OBJETS

CÉRAMIQUE

1 — Crapaud, céramique.

2 — Deux plats, céramique, fleurs en bleu.

3 — Quatre jardinières, céramique et bambou.

4 — Vase en céramique moderne, émaillée bleu.

5 — Deux jardinières variées, céramique moderne.

6 — Deux vases, terre, sur trépied en fer.

7 — Bouteille et support, poterie ; fond blanc.

8 — Deux grands vases variés, céramique moderne.

9 — Trois jardinières variées, céramique.

10 — Carrosse en porcelaine.

11 — Deux vases en porcelaine du Japon moderne : personnages.

12 — Deux petites potiches avec couvercles, porcelaine moderne du Japon.

13 — Vase en poterie du Japon.

14 — Deux plats, Kutani.

15 — Deux vases, Satzuma.

16 — Petite potiche, Satzuma.

17 — Deux petites bouteilles, poterie émaillée verte.

18 — Figurine sur un sac, poterie du Japon.

TABLEAUX, DESSINS, AQUARELLES

19 — ABBÉMA (LOUISE). Figure allégorique. Toile.

20 — BAC. Scène de genre. Dessin.

21 — CARRIER-BELLEUSE (P.). Danseuse. Crayons de couleur.

22 — DUMOULIN (LOUIS). Un coin de Fontenay-aux-Roses. Toile.

23 — DUMOULIN (LOUIS). Scène japonaise. Bois.

24 — DUMOULIN (LOUIS). Bords de la mer. Toile.

25 — DUMOULIN (LOUIS). Vase, livres, etc. Toile.

26 — DUMOULIN (LOUIS). Les temples de Nikko. Toile.

27 — GŒNEUTTE (NORBERT). Femme assise. Dessin.

·28 — IBELS. Caricatures. Dessins.

29 — NEUMONT (MAURICE). Plusieurs dessins d'illustration.

30 — PRINCETEAU (R.). Paysage. Toile.

31 — RENOUARD (P.). Danseuse. Aquarelle.

32 — ROBERT (KARL). Paysage. Fusain.

33 — TOCHÉ (CHARLES). Intérieur d'église. Aquarelle. Encadrée.

34 — TOCHÉ (CHARLES). Allégorie. Esquisse pour un plafond. Aquarelle.

35 — ÉCOLE MODERNE. Paysage.

36 — ÉCOLE MODERNE. Orientaux. Aquarelle.

37 — ÉCOLE MODERNE. Marine. Toile.

38 — Six albums de gravures.

OBJETS VARIÉS, LIVRES

39 — Chaise à porteur Louis XVI, garnie de cuir, à décor d'armoiries et vases sur fond vert, avec encadrements de bois doré; intérieur en velours.

40 — Piano à queue, d'Érard, caisse en palissandre.

41 — Billard en palissandre ciré, avec accessoires, appareil à gaz et banquette en palissandre.

42 — Deux colonnes torses, bois sculpté et partiellement doré. Style Louis XIII.

43 — Deux statuettes de saints en bois doré.

44 — Support-console, bois peint et doré. Travail espagnol du XVIIIe siècle.

45 — Petit monument, bois peint et doré, à sujets saints.

46 — Support-applique, bois doré.

47 — Tête de chérubin, bois doré.

48 — Statuette, terre cuite : Jeune fille assise. Signée : *De-laroche*.

49 — Statuette, terre cuite : Arlequin, de *Saint-Marceaux*.

50 — Statuette d'Oriental, terre cuite teintée.

51 — Buste d'Oriental, terre cuite teintée.

52 — Buste de négresse, terre cuite teintée.

53 — Statuette de musicien oriental, terre cuite teintée.

54 — Deux pistolets orientaux.

55 — Deux yatagans et deux cimeterres.

56 — Lot d'armes variées.

57 — Armures.

58 — Fontaine, étain, avec support-applique en marqueterie de bois de couleur d'ancien travail flamand.

59 — Lampe, avec support, en fer forgé.

60 — Panneau peint sur cuir, à sujets saints.

61 — Deux supports-colonnettes, marbre.

62 — Gaîne, stuc.

63 — Lustre, verre de Venise.

64 — Suspension, verre.

65 — Coupe, verre de Venise.

66 — Plateau sur piédouche, verre.

67 — Coupe, verre, genre oriental.

68 — Coupe, émail de Canton.

69 — Statuette de Bouddha, en bois doré. Travail japonais.

70 — Statuette de Chinois, en bois laqué.

71 — Boîte, de style oriental, sur pied en bois.

72 — Gong.

73 — Nombreux livres variés reliés et non reliés. Seront divisés.

74 — Sous ce numéro, objets variés : terres cuites, céramique, tableaux, etc. Seront divisés.

BRONZES

75 — Paire de candélabres, à huit lumières, bronze argenté, style Louis XIV ; décor de mascarons et draperies.

76 — Paire d'appliques, à neuf lumières, bronze ; décor de feuillages et guirlandes. Style Louis XVI.

77 — Deux guéridons en bronze ciselé et doré ; pieds à cariatides d'amours. Style Louis XVI.

78 — Statuette en bronze : la Folie, de *Carpeaux*, sous les traits d'un amour, étendu et tenant, de la main gauche, une folie.

79 — Coupe et deux lampes à gaz, bronze argenté.

80 — Paire de candélabres, bronze. Style Louis XIV.

81 — Paire d'appliques, à neuf lumières, style Louis XIV, bronze.

82 — Lustre, de style Louis XIV, en bronze, à trois rangs de lumières.

83 — Paire de candélabres en bronze argenté, à trois lumières, avec vase de flammes au milieu. Style Louis XVI.

84 — Paire d'appliques à gaz, à trois lumières, en bronze.

85 — Lustre assorti aux appliques précédentes.

86 — Applique à gaz, à une lumière, bronze.

87 — Applique à gaz, à une lumière, en bronze, forme vase.

88 — Petit lustre, cuivre jaune, disposé pour le gaz.

89 — Deux lanternes à gaz, verre et métal.

90 — Bras-applique, à cinq lumières, cuivre poli.

91 — Garniture de cheminée, bronze, composée d'une pendule simulant une cathédrale et de deux candélabres ; style gothique. Époque Louis-Philippe.

92 — Brasero, cuivre.

93 — Aiguière et bassin en cuivre jaune.

94 — Samovar, cuivre rouge.

95 — Torchère en forme de grue en bronze patiné.

96 — Deux vases en bronze du Japon, décor d'animaux.

SIÈGES

97 — Quatre fauteuils et quatre chaises, en bois doré, couverts de velours grenat, avec applications et broderie au passé ; bordures de franges. Style Louis XIV. *Maison Damon.*

98 — Banquette de piano assortie aux sièges précédents

99 — Deux petits canapés assortis aux sièges précédents, mais cannés, avec coussins.

100 — Quatre chaises légères, en bois doré, couvertes en soie havane brochée à fleurs. Style Louis XIV.

101 — Canapé, en bois doré, couvert en velours ciselé, à fleurs sur fond blanc. Style Louis XV.

102 — Canapé, en bois doré, couvert en satin blanc rayé et broché à fleurs. Style Louis XV.

103 — Bergère, en bois doré, couverte en velours ciselé, à médaillons roses sur fond crème. Style Louis XVI.

104 — Fauteuil, en bois doré, couvert de même velours. Style Louis XVI.

105 — Douze chaises de salle à manger, en noyer sculpté, couverte de cuir havane et cloutées de cuivre. *Maison Damon.*

106 — Deux fauteuils analogues aux chaises précédentes.

107 — Fauteuil, en bois sculpté, couvert de tapisserie à fleurs sur fond jaune. Style Louis XIV.

108 — Chaise, bois doré, capitonnée en étoffe rouge.

109 — Banquette, genre mucharabie, bois.

110 — Deux fauteuils confortables en cuir havane.

111 — Deux fauteuils confortables couverts en lampas, à fond rouge.

112 — Deux fauteuils-balançoires, bois tourné.

113 — Six sièges et une table, rotin.

MEUBLES

114 — Table, de style Louis XIV, en bois doré; décor de petites rosaces et palmettes avec croisillon d'entre-jambes. Dessus de marbre.

115 — Table-bureau, genre Boulle, en marqueterie de cuivre sur écaille, garnie de chutes à mascarons et feuillages, poignées, entrées de serrures et bordures de bronze.

116 — Deux consoles en bois doré, décor de rosaces et pal-mettes; dessus de marbre. Style Louis XIV.

117 — Commode à deux tiroirs en bois de palissandre frisé

de deux tons, garnie de bronzes ciselés et dorés placés
à contre-fond, tels que chutes et bustes de femmes, encadrements, amours, jeux d'enfants et sabots ; tablette de
marbre brèche violette. Style Louis XV.

118 — Buffet en chêne, décoré de bas-reliefs en céramique,
à personnages, signés : A. de F., ainsi que de bustes
et d'un pélican également en céramique.

119 — Meuble à hauteur d'appui, genre Boulle; glace assortie.

120 — Deux buffets en bois sculpté, à corps supérieur vitré
et à étagères. Style Renaissance.

121 — Meuble-étagère assorti aux buffets précédents.

122 — Deux meubles-vitrines en acajou; dessus de marbre;
galerie de cuivre.

123 — Grand lit à baldaquin et colonnes en bois peint blanc
et doré.

124 — Écran, style Louis XVI, bois; feuille formée de vitraux.

125 — Écran, genre oriflamme, bois doré et étoffe.

126 — Paravent, à trois feuilles, genre mucharabie, bois.

127 — Paravent, à quatre feuilles, décor gaufré.

128 — Paravent, toile peinte, à trois feuilles.

129 — Glace dans un encadrement formé de carreaux de
faïence orientale, à fleurs et inscriptions.

130 — Glace dans un cadre incrusté de nacre. Style oriental.

131 — Glace, cadre en cuir doré.

132 — Table turque en marqueterie de bois de couleur et de nacre.

133 — Porte-manteau, noyer.

RIDEAUX, TAPIS

134 — Trois garnitures de croisées : rideaux et lambrequins en peluche rouge avec applications; doublure de satin crème; bordures de franges.

135 — Dessus de billard en peluche verte et soie brochée, avec galon et franges.

136 — Garniture de baie en drap rouge, avec applications : deux rideaux et lambrequin.

137 — Deux garnitures de croisées en satin rayé et broché avec cantonnières de tissu peint. Style Louis XVI.

138 — Garniture de baie, composée de deux rideaux et d'un lambrequin en velours de lin rouge, avec galon.

139 — Panneau en broderie au passé et en chenille sur fond de perles de verre : personnages et rinceaux.

140 — Tableau en broderie, à sujet saint; encadrement en bois doré.

141 — Petit tapis, étoffe orientale.

142 — Feuille d'éventail, en soie brodée chinoise.

143 — Grand tapis d'Orient, à fond rouge.

144 — Deux carpettes orientales.